Créez Votre Business en 90 Jours

Le Guide Complet pour les Futurs Entrepreneurs

Samuel Moreau

Table des matières :

Introduction

L'entrepreneuriat est une aventure audacieuse, pleine de défis et de promesses. Vous avez peut-être rêvé depuis longtemps de créer votre propre entreprise, de réaliser vos idées et de forger votre destin professionnel. Vous avez la passion, l'ambition et l'engagement nécessaires pour réussir. Cependant, vous vous demandez peut-être par où commencer, comment éviter les pièges courants et comment concrétiser votre rêve en réalité.

C'est là que ce livre entre en jeu. Au cours des 90 prochains jours, nous allons vous guider pas à pas à travers le processus de création de votre propre entreprise. Que vous soyez un novice en entrepreneuriat ou un aspirant entrepreneur chevronné, ce guide vous fournira un plan d'action solide, des conseils pratiques et des stratégies éprouvées pour vous aider à passer de l'idée initiale à la création de votre propre entreprise florissante.

Chaque jour compte dans cette aventure, et nous avons conçu ce livre pour maximiser votre efficacité, minimiser les erreurs coûteuses et vous donner la confiance nécessaire pour franchir chaque étape du processus entrepreneurial. Vous découvrirez comment générer des idées commerciales innovantes, élaborer un plan solide, rassembler les ressources nécessaires, promouvoir votre entreprise et surmonter les obstacles qui se dresseront sur votre chemin.

Préparez-vous à un voyage passionnant, car au bout de ces 90 jours, vous aurez non seulement lancé votre entreprise, mais vous serez également mieux armé pour relever les défis et saisir les opportunités qui se présentent à vous. Il est temps de transformer votre vision en réalité. Bienvenue dans l'univers de l'entrepreneuriat en 90 jours.

Jour 1-10 : De l'émergence de l'idée à l'organisation personnelle

Jour 1 : L'aube d'une nouvelle aventure

Bienvenue dans le premier jour de votre parcours entrepreneurial de 90 jours. Il est temps de passer de l'idée à l'action. L'une des premières étapes cruciales dans la création d'une entreprise est la génération d'idées. L'entrepreneuriat commence par une vision, une idée qui peut résoudre un problème, répondre à un besoin ou exploiter une opportunité sur le marché. Pour générer des idées d'entreprise, commencez par vous poser quelques questions essentielles :

- Quels sont vos domaines d'intérêt, vos passions et vos compétences ?
- Quels problèmes ou besoins observez-vous dans votre vie quotidienne ou dans votre communauté ?
- Quelles tendances et évolutions du marché pourraient créer de nouvelles opportunités ?

Prenez le temps de noter toutes les idées qui vous viennent à l'esprit, même les plus folles. L'objectif ici est de stimuler votre créativité et d'explorer différentes pistes.

Jour 2-7 : L'exploration des idées

Au cours des jours suivants, prenez chaque idée que vous avez générée et examinez-la de plus près. Évaluez son potentiel en répondant à des questions comme :

- Qui serait votre public cible pour cette idée ?
- Existe-t-il déjà des entreprises similaires sur le marché ?
- Quels avantages uniques pouvez-vous offrir par rapport à la concurrence ?

L'idée est de filtrer et d'affiner vos idées pour identifier celles qui ont le plus de potentiel. N'hésitez pas à solliciter des amis, des mentors ou des collègues pour obtenir leur avis et leur perspective.

Jour 8-10 : Choix de la meilleure idée

Maintenant que vous avez exploré plusieurs idées, il est temps de choisir la meilleure. Pour cela, tenez compte de plusieurs critères :

- Votre passion et votre intérêt personnel pour l'idée.
- Le potentiel de rentabilité et de croissance de l'entreprise.
- La demande du marché et la viabilité de l'idée.

- Votre propre expérience et compétences liées à l'idée.

Sélectionnez l'idée qui coche le plus de cases positives et qui résonne le plus avec vous. Gardez à l'esprit que ce choix sera la base de votre entreprise, alors prenez le temps de peser le pour et le contre.

Jour 10 : Organiser votre vie personnelle pour l'entrepreneuriat

La création d'une entreprise exige un engagement considérable, ce qui signifie que vous devrez peut-être apporter des ajustements à votre vie personnelle pour vous préparer à cette nouvelle aventure. Cela peut inclure :

- La gestion de votre temps de manière plus efficace.
- L'établissement d'une routine quotidienne pour travailler sur votre entreprise.
- L'identification des ressources et du soutien dont vous aurez besoin.
- L'analyse de la manière dont cela affectera vos finances personnelles.

En organisant votre vie personnelle pour l'entrepreneuriat, vous créez un environnement propice à la réussite de votre entreprise. Prenez le temps de réfléchir à ces ajustements et soyez prêt à vous engager pleinement dans votre nouvelle entreprise.

À la fin de ces 10 premiers jours, vous aurez non seulement généré une idée d'entreprise prometteuse, mais vous aurez également commencé à vous préparer mentalement et personnellement à l'entrepreneuriat. La prochaine étape vous rapprochera davantage de la création de votre entreprise en 90 jours.

Jour 11-20 : Passage à l'action et étude de marché

Jour 11 : Lancer votre entreprise

Vous avez choisi votre idée d'entreprise, il est maintenant temps de passer à l'action. Le premier pas consiste à donner une existence légale à votre entreprise. Cela implique généralement de choisir une structure juridique (auto-entrepreneur, SARL, SAS, etc.), de l'enregistrer auprès des autorités compétentes et de respecter les formalités administratives requises.

Assurez-vous de bien comprendre les réglementations locales et les obligations fiscales liées à votre entreprise. C'est une étape cruciale pour établir une base solide.

Jour 12-17 : L'étude de marché

Une étude de marché approfondie est essentielle pour comprendre votre public cible, ses besoins, ses désirs et ses comportements. Commencez par collecter des données pertinentes sur le marché dans lequel vous souhaitez opérer. Cela peut inclure des recherches en ligne, des analyses de données sectorielles, des enquêtes sur le terrain et des entretiens avec des experts de l'industrie.

- Identifiez votre public cible : Définissez précisément qui sont vos clients potentiels, leurs caractéristiques démographiques, leurs comportements d'achat, etc.
- Analysez la concurrence : Étudiez vos concurrents directs et indirects. Quelles sont leurs forces et leurs faiblesses ? Quelles opportunités pouvez-vous exploiter ?
- Évaluez la demande : Identifiez le niveau de demande pour votre produit ou service sur le marché. Existe-t-il un créneau non satisfait que vous pourriez combler ?
- Définissez votre positionnement : Comprenez comment vous pouvez vous différencier sur le marché. Quelle est votre proposition de valeur unique ?
- Étudiez les tendances : Gardez un œil sur les tendances actuelles et émergentes de votre secteur. Cela peut vous aider à anticiper les évolutions futures.

Jour 18-20 : Analyse des résultats

Après avoir collecté une quantité significative d'informations, prenez le temps d'analyser les résultats de votre étude de marché. Identifiez les tendances et les opportunités clés qui se dégagent de vos recherches.

Cette analyse vous aidera à mieux comprendre comment adapter votre entreprise pour répondre aux besoins du marché. Elle vous guidera également dans le développement de votre stratégie marketing et de votre plan d'action pour les jours à venir.

Le passage à l'action et la réalisation d'une étude de marché approfondie sont des étapes cruciales pour bâtir une base solide pour votre entreprise. Vous serez mieux préparé à comprendre votre public cible et à développer des produits ou services qui répondent à leurs besoins réels. La prochaine phase de votre parcours entrepreneurial vous rapprochera encore plus de la création de votre entreprise en 90 jours.

Jour 21-30 : Élaboration du Business Plan

Jour 21-25 : Les fondements du business plan

Un business plan solide est la feuille de route de votre entreprise. Il détaille votre vision, votre stratégie et vos objectifs, tout en fournissant des informations financières essentielles pour attirer les investisseurs, les partenaires ou les prêteurs. Au cours de ces cinq jours, concentrez-vous sur les éléments fondamentaux de votre business plan :

1. **Résumé exécutif** : Cette section doit capturer l'essentiel de votre plan. Résumez votre vision, vos objectifs, votre proposition de valeur, votre équipe et vos besoins financiers.
2. **Description de l'entreprise** : Présentez votre entreprise, son histoire, sa mission, sa structure légale et son emplacement.
3. **Analyse de marché** : Utilisez les données de votre étude de marché pour décrire votre public cible, la demande du marché, la concurrence et votre positionnement.
4. **Stratégie** : Expliquez votre stratégie globale, y compris votre modèle commercial, vos

avantages concurrentiels et votre plan de développement.

5. **Produits et services** : Détaillez ce que vous offrez, comment cela résout les besoins du marché et les avantages pour vos clients.

Jour 26-30 : Les aspects financiers

Une partie cruciale de votre business plan concerne les projections financières. Cela comprend le compte de résultat, le bilan et le plan de trésorerie. Vous devez démontrer la viabilité financière de votre entreprise et expliquer comment vous générerez des revenus, couvrirez les coûts et réaliserez un profit.

1. **Prévisions financières** : Élaborez des projections financières réalistes pour les trois premières années d'exploitation. Cela comprend les revenus, les dépenses, les bénéfices bruts et nets, ainsi que les flux de trésorerie.
2. **Plan de financement** : Décrivez comment vous allez financer votre entreprise. Cela peut inclure des investissements personnels, des prêts, des investisseurs ou des subventions.
3. **Analyse de sensibilité** : Identifiez les facteurs de risque et examinez comment ils pourraient affecter vos finances. Ayez des plans d'atténuation en place.

4. **Stratégie de sortie** : Si vous envisagez de vendre l'entreprise à l'avenir, expliquez votre stratégie de sortie potentielle.

La phase de l'élaboration du business plan est cruciale pour clarifier vos objectifs, établir une stratégie solide et démontrer la viabilité financière de votre entreprise. Prenez le temps de peaufiner ces détails, car votre business plan sera un outil essentiel pour attirer des investisseurs et guider votre entreprise vers le succès en 90 jours.

Jour 31-40 : Préparation des Ressources et du Budget

Jour 31-35 : Planification des ressources

Pour que votre entreprise puisse prospérer, vous devez planifier et allouer les ressources nécessaires de manière judicieuse. Cette étape est essentielle pour éviter les problèmes financiers à court et à long terme. Voici ce que vous devez faire :

1. **Liste des ressources nécessaires** : Dressez une liste détaillée de toutes les ressources nécessaires pour démarrer votre entreprise. Cela peut inclure des locaux, des équipements, des fournitures, des technologies, du personnel, etc.
2. **Fournisseurs et partenariats** : Identifiez les fournisseurs potentiels et explorez des partenariats stratégiques. Obtenez des devis pour les biens et services dont vous aurez besoin.
3. **Évaluation des coûts** : Estimez les coûts associés à l'acquisition de ces ressources. Soyez réaliste dans vos estimations, en incluant les coûts cachés et les éventuels dépassements de budget.

4. **Sources de financement** : Déterminez comment vous financerez ces ressources. Cela peut inclure un mélange de fonds personnels, de prêts, d'investisseurs ou de subventions.
5. **Planification de la chaîne d'approvisionnement** : Si votre entreprise dépend de l'approvisionnement en matières premières ou en produits, élaborez une stratégie pour garantir une chaîne d'approvisionnement fiable.

Jour 36-40 : Établissement du budget de démarrage

Un budget de démarrage bien planifié est essentiel pour garder le contrôle de vos finances dès le début de votre entreprise. Voici comment procéder :

1. **Création d'une feuille de calcul budgétaire** : Établissez une feuille de calcul détaillée qui répertorie toutes les dépenses initiales, y compris les ressources que vous avez identifiées précédemment.
2. **Évaluation des revenus prévus** : Estimez les revenus prévus pour les premiers mois de votre entreprise. Soyez conservateur dans vos estimations.
3. **Équilibrage du budget** : Assurez-vous que vos dépenses ne dépassent pas vos revenus prévus. Si elles le font, recherchez des moyens

de réduire les coûts ou de trouver des sources de financement supplémentaires.

4. **Fonds de roulement** : Prévoyez une réserve de liquidités pour faire face aux dépenses imprévues ou aux périodes de faible activité.
5. **Suivi régulier** : Une fois que vous avez établi votre budget, assurez-vous de le suivre régulièrement et d'apporter des ajustements au besoin.

La préparation des ressources et du budget est essentielle pour assurer la stabilité financière de votre entreprise. Un budget solide vous aidera à prendre des décisions éclairées et à minimiser les risques financiers pendant ces 90 jours cruciaux.

Jour 41-50 : Stratégie de Marketing et de Vente

Jour 41-45 : Développement de la stratégie de marketing

La stratégie de marketing de votre entreprise est l'ensemble des tactiques que vous utiliserez pour attirer et fidéliser des clients. Voici comment élaborer une stratégie de marketing solide :

1. **Définir votre public cible** : Identifiez précisément votre groupe démographique cible. Plus vous comprenez vos clients potentiels, mieux vous pourrez les atteindre.
2. **Analyser la concurrence** : Étudiez comment vos concurrents ciblent le marché et identifiez ce qui les distingue. Cela peut vous aider à trouver un avantage compétitif.
3. **Élaborer un message clair** : Créez un message de marque cohérent et mémorable qui communique efficacement la valeur de votre entreprise.
4. **Choisir les canaux de marketing** : Identifiez les canaux de marketing les plus pertinents pour votre public, qu'il s'agisse de médias sociaux, de publicité en ligne, de marketing par e-mail, etc.

5. **Créer un calendrier marketing** : Établissez un calendrier détaillé pour vos campagnes marketing, en spécifiant les dates de début et de fin, ainsi que les actions à entreprendre à chaque étape.

Jour 46-50 : Développement de la stratégie de vente

Votre stratégie de vente consiste à définir comment vous allez convaincre les clients d'acheter vos produits ou services. Voici les étapes clés :

1. **Créer un processus de vente** : Définissez un processus étape par étape que vos représentants des ventes (ou vous-même) suivront pour conclure des ventes.
2. **Formation des équipes de vente** : Si vous avez une équipe de vente, assurez-vous qu'elle est bien formée et compétente pour vendre vos produits ou services.
3. **Établir des objectifs de vente** : Définissez des objectifs de vente réalistes pour les prochains mois, en fonction de vos prévisions financières.
4. **Mise en place d'outils de vente** : Fournissez à votre équipe de vente les outils nécessaires, tels que des présentations, des brochures, des échantillons, etc.
5. **Suivi et analyse** : Mettez en place un système pour suivre les performances de vente,

collecter des commentaires clients et apporter des ajustements à votre stratégie si nécessaire.

En élaborant une stratégie de marketing et de vente solide, vous serez mieux préparé à attirer des clients et à générer des revenus au cours des 90 jours de la création de votre entreprise. Ces éléments sont essentiels pour la croissance et le succès à long terme de votre entreprise.

Jour 51-60 : Développement du Produit ou du Service

Jour 51-55 : Conception et développement du produit ou du service

Le développement de votre produit ou service est une étape cruciale. Voici comment procéder de manière efficace :

1. **Spécifications du produit ou du service** : Définissez clairement les caractéristiques et les fonctionnalités de votre produit ou service en fonction des besoins de vos clients.
2. **Prototypage** : Créez des prototypes ou des échantillons pour tester votre concept. Cette étape est particulièrement importante pour les produits physiques.
3. **Développement** : Si vous créez un produit technologique ou un logiciel, développez-le en fonction des spécifications établies.
4. **Tests et révisions** : Testez rigoureusement votre produit ou service et apportez des révisions en fonction des résultats des tests.
5. **Normes de qualité** : Assurez-vous que votre produit ou service respecte toutes les normes de qualité et de sécurité nécessaires.

Jour 56-60 : Stratégie de tarification et de lancement

Maintenant que vous avez développé votre produit ou service, il est temps de définir une stratégie de tarification et de planifier son lancement sur le marché.

1. **Stratégie de tarification** : Déterminez votre stratégie de tarification en tenant compte de vos coûts, de la concurrence et de la valeur perçue par les clients.
2. **Plan de lancement** : Élaborez un plan de lancement détaillé qui inclut la date de lancement, les canaux de distribution, la stratégie marketing, les promotions de lancement, etc.
3. **Formation de l'équipe** : Si nécessaire, assurez-vous que votre équipe de vente est formée pour présenter le nouveau produit ou service aux clients.
4. **Communication aux clients** : Commencez à communiquer avec vos clients potentiels pour générer de l'anticipation et de l'excitation autour du lancement.
5. **Feedback initial** : Soyez prêt à recueillir des commentaires initiaux de vos premiers clients et à apporter des ajustements si nécessaire.

Le développement du produit ou du service est une étape clé pour concrétiser votre vision d'entreprise.

Une fois que vous avez un produit ou un service prêt à être commercialisé, vous êtes prêt à franchir la prochaine étape de la création de votre entreprise en 90 jours.

Jour 61-70 : Construction de l'Équipe

our 61-65 : Identifier les compétences clés

L'une des clés du succès de votre entreprise est d'avoir une équipe talentueuse et compétente. Identifiez les compétences clés dont vous avez besoin pour faire fonctionner votre entreprise. Cela peut inclure des compétences en gestion, en marketing, en vente, en développement de produits, en finance, etc.

Jour 66-70 : Recrutement et formation

Une fois que vous avez identifié les compétences nécessaires, commencez le processus de recrutement. Voici les étapes à suivre :

1. **Créez des descriptions de poste détaillées** : Rédigez des descriptions de poste précises pour chaque rôle que vous souhaitez pourvoir. Incluez les responsabilités, les compétences requises et les qualifications.
2. **Diffusez les offres d'emploi** : Publiez les offres d'emploi sur des plateformes de recrutement en ligne, sur votre site web, et partagez-les sur les réseaux sociaux.

3. **Entretiens et évaluations** : Menez des entretiens d'embauche approfondis pour évaluer les candidats. Assurez-vous qu'ils correspondent à la culture de votre entreprise.
4. **Formation** : Une fois que vous avez fait vos choix, assurez-vous de fournir une formation adéquate à vos nouveaux employés pour qu'ils soient opérationnels rapidement.
5. **Intégration** : Accueillez vos nouveaux employés et intégrez-les à l'équipe existante. Assurez-vous qu'ils comprennent la vision et les objectifs de l'entreprise.
6. **Développement continu** : Planifiez des opportunités de développement professionnel pour vos employés afin qu'ils puissent continuer à acquérir de nouvelles compétences et à progresser dans leur carrière.

La construction de l'équipe est une étape cruciale pour le succès à long terme de votre entreprise. Une équipe talentueuse et bien formée peut contribuer de manière significative à la croissance et à la réussite de votre entreprise.

Jour 71-80 : Gestion Financière et Financement Initial

Jour 71-75 : Mise en place des pratiques de gestion financière

Une gestion financière efficace est essentielle pour maintenir la stabilité financière de votre entreprise. Voici ce que vous pouvez faire pendant ces jours :

1. **Création d'un système comptable** : Mettez en place un système de comptabilité pour suivre vos revenus et dépenses. Cela peut inclure l'utilisation de logiciels de comptabilité.
2. **Création d'un budget opérationnel** : Établissez un budget détaillé pour chaque aspect de votre entreprise, y compris les ventes, les dépenses, les salaires, etc.
3. **Gestion de trésorerie** : Surveillez attentivement votre trésorerie pour vous assurer que vous disposez des liquidités nécessaires pour couvrir vos obligations financières.
4. **Planification fiscale** : Consultez un professionnel de la fiscalité pour élaborer une stratégie fiscale efficace.

5. **Création de rapports financiers** : Générez des rapports financiers réguliers pour suivre la santé financière de votre entreprise.

Jour 76-80 : Explorer les options de financement initial

La recherche de financement initial est souvent nécessaire pour démarrer une entreprise. Voici quelques options à explorer :

1. **Fonds personnels** : Utilisez vos propres économies ou actifs pour financer une partie de votre entreprise.
2. **Emprunts** : Recherchez des prêts commerciaux auprès de banques ou d'organismes de prêt. Assurez-vous de comprendre les conditions de remboursement.
3. **Investisseurs** : Cherchez des investisseurs providentiels ou des investisseurs en capital-risque intéressés par votre entreprise.
4. **Subventions et concours** : Recherchez des subventions gouvernementales ou participez à des concours d'entrepreneuriat pour obtenir du financement.
5. **Financement participatif** : Explorez les plateformes de financement participatif en ligne pour collecter des fonds auprès du public.
6. **Partenariats stratégiques** : Cherchez des partenariats avec d'autres entreprises qui

pourraient investir dans votre entreprise ou fournir des ressources.

La gestion financière solide et le financement initial adéquat sont essentiels pour maintenir la stabilité financière de votre entreprise et la faire croître. Prenez le temps de planifier et de gérer vos finances de manière efficace pour assurer le succès de votre entreprise à long terme.

Jour 81-90 : Derniers Préparatifs et Formalités de Création

Jour 81-85 : Préparer les derniers détails

À l'approche du jour de l'ouverture de votre entreprise, il est important de peaufiner les derniers détails. Voici ce que vous pouvez faire :

1. **Gestion de l'inventaire** : Assurez-vous d'avoir suffisamment de stocks ou de produits disponibles pour répondre à la demande initiale.
2. **Plan de lancement** : Finalisez votre plan de lancement, y compris la stratégie marketing, les promotions de lancement, les événements spéciaux, etc.
3. **Formation finale** : Si nécessaire, fournissez une dernière formation à votre équipe pour qu'elle soit prête à accueillir les clients.
4. **Configuration du lieu de travail** : Si vous avez un lieu physique, assurez-vous que tout est prêt, propre et fonctionnel.
5. **Communication aux clients** : Communiquez avec vos clients pour les informer de l'ouverture imminente et les inciter à venir visiter votre entreprise.

Jour 86-90 : Formalités de création de l'entreprise

L'étape finale consiste à effectuer les formalités de création de l'entreprise. En fonction de la structure juridique que vous avez choisie et de votre emplacement, cela peut varier, mais voici les étapes générales à suivre :

1. **Enregistrement légal** : Effectuez l'enregistrement de votre entreprise auprès des autorités compétentes. Cela peut inclure l'obtention d'un numéro SIRET, d'une immatriculation au registre du commerce, etc.
2. **Permis et licences** : Obtenez les permis et licences nécessaires pour exercer votre activité, le cas échéant.
3. **Comptes bancaires** : Ouvrez des comptes bancaires commerciaux distincts pour votre entreprise.
4. **Assurances** : Souscrivez les assurances nécessaires pour protéger votre entreprise et vos actifs.
5. **Taxes** : Inscrivez-vous auprès des autorités fiscales et comprenez les obligations fiscales de votre entreprise.
6. **Contrats et accords** : Préparez les contrats et accords nécessaires, tels que les contrats de location, les accords de partenariat, etc.

7. **Ressources humaines** : Finalisez l'embauche de personnel si nécessaire et assurez-vous que tous les documents liés aux employés sont en ordre.
8. **Site web et marketing** : Assurez-vous que votre site web est opérationnel et que vos campagnes marketing sont prêtes à être lancées.

Lorsque toutes ces formalités sont accomplies, vous serez prêt à ouvrir officiellement votre entreprise le jour 91. Assurez-vous de respecter toutes les réglementations locales et nationales pour démarrer votre entreprise en toute légalité.

Conclusion

Félicitations ! Vous avez parcouru un voyage intensif de 90 jours pour créer votre propre entreprise. Ce délai court mais intense vous a permis de passer par des étapes cruciales pour transformer votre idée en une réalité commerciale. Voici quelques points clés à retenir de votre parcours :

1. **Idéation et planification** : Vous avez généré des idées d'entreprise, choisi la meilleure d'entre elles, et organisé votre vie personnelle pour vous préparer à l'entrepreneuriat.
2. **Étude de marché et business plan** : Vous avez effectué une étude de marché, élaboré un business plan solide, et prévu comment financer votre entreprise.
3. **Structure légale et formalités** : Vous avez choisi une structure juridique appropriée pour votre entreprise et effectué toutes les formalités nécessaires.
4. **Stratégie de marketing et de vente** : Vous avez élaboré une stratégie de marketing pour attirer des clients et une stratégie de vente pour les convertir en ventes.
5. **Développement du produit ou du service** : Vous avez créé ou développé votre produit ou

service et établi une stratégie de tarification et de lancement.

6. **Construction de l'équipe** : Vous avez identifié les compétences clés nécessaires et commencé à recruter une équipe talentueuse.
7. **Gestion financière et financement initial** : Vous avez mis en place des pratiques de gestion financière solides et exploré les options de financement initial.
8. **Derniers préparatifs et formalités de création** : Vous avez finalisé les détails pour l'ouverture de l'entreprise et effectué toutes les formalités légales nécessaires.

Tout au long de ces 90 jours, vous avez fait preuve de détermination, de résilience et de compétences entrepreneuriales. Le moment est venu d'ouvrir officiellement les portes de votre entreprise et de poursuivre votre voyage entrepreneurial avec passion et engagement.

N'oubliez pas que la création d'entreprise est un voyage continu, et vous devrez continuer à apprendre, à vous adapter et à évoluer pour réussir. Restez concentré sur vos objectifs, travaillez dur et n'ayez pas peur de relever les défis qui se présenteront sur votre chemin. Votre entreprise a le potentiel de prospérer, et votre dévouement est la clé de votre succès futur. Bonne chance dans votre aventure entrepreneuriale !